Bénamar Brahmi

Pour vivre bien

Bénamar Brahmi

Pour vivre bien

Éditions Muse

Imprint

Cover image: www.ingimage.com

Publisher:
Éditions Muse
is a trademark of
International Book Market Service Ltd., member of OmniScriptum Publishing Group
17 Meldrum Street, Beau Bassin 71504, Mauritius
Printed at: see last page
ISBN: 978-620-2-29660-1

Le secret de vivre

BRAHMI Bénamar

Pour Vivre Bien et Longtemps

Les étapes vers la vie que vous désirez.

...ETRE... OSER... CHOISIR... CROIRE...ATTIRER...

« La vie est un art »

Proverbe allemand

- Construire ses rêves

Etre responsable !

Tracez des objectifs clairs et définis

Etre volontaire indépendant et actif

Jeûnez de toute négativité et « booster » toutes vos autres qualités, aptitudes et capacités en cultivant l'attitude mentale positive.

Estime de soi - Affirmation de soi - Confiance en soi

Le Pouvoir de vos croyances

II. Ayez « FOI » en vous et en l'univers.

La loi de l'attraction, étape après étape.

Il n'y a pas de hasard

Tout ce dont vous avez besoin est déjà en vous

3. Premiers pas : Rêvez et Faîtes « comme si » !

4. La joie et le désir d'être dans … L'ACTION.

Gérez votre temps ...avec cohérence interne.

Les éléments de base d'une gestion du temps performante

Les causes de tous les maux et maladies.

Misez sur des valeurs sûres : Vos alliés pour la vie !

L'éternel exercice physique

Plus de couleur, plus de cru, plus de végétal, plus de « cuisiné maison », plus de « cuit vapeur », dans votre assiette...

Surveillez votre poids

La respiration profonde.

L'hydratation.

Plan de détoxication adapté

Arrêt du tabac et évitement du tabagisme passif.

Un apport équilibré en vitamines, minéraux, et nutriments essentiels.

Adoptez les 10 réflexes VITALITE & LONGEVITE

1) Décrasser, désacidifier, détoxiquer :

2) Faites vous du bien en mangeant sain !

3) Se protéger grâce aux antioxydants.

4) Osez, bougez, jardinez, marchez, jouez, pédalez....peu importe !

BOUGEZ encore et encore...

5) Jouer le jeu de la vie avec le plaisir, la curiosité et la joie de partager.

6) Vivre l'instant présent.

7) S'extraire temporairement du monde et jouir du silence.

8) Aimer la vie...Sortir, rigoler, partager...et surtout Mépriser la colère et la violence.

9) Prenez soins de votre santé.

10) Et enfin ...Chérir la Vie et Accepter la mort.

« Les hommes sont malheureux

Parce qu'ils ne réalisent pas les rêves qu'ils ont »

Jacques BREL

La vision de votre objectif est déterminante pour que se manifestent ensuite en vous des forces simultanées et interactives :

Une force de poussée qui mobilise votre envie et votre motivation vers cet objectif

Une force d'attraction qui s'exerce à partir de votre certitude et de votre conviction à l'atteindre.

La création mentale précède toujours la création physique ...

Créez votre vision ultime, votre journée idéale, votre grand rêve, votre mission de vie, écrivez précisément vos « musts » de vie et vos objectifs précis à atteindre, pour esquisser les contours de vos rêves et donner l'impulsion puissante à leurs réalisations.

Rendre l'objectif omniprésent, c'est :

L'écrire et le visualiser chaque jour,

Se préparer à l'action en adoptant des stratégies et des attitudes mentales positives.

Planifier le parcours en changeant dès à présent vos habitudes, car si vous aspirez à un futur diffèrent, cela passe par un changement immédiat.

- Cultivez une volonté indépendante et mobilisez l'énergie de l'action

Savoir que toutes les ressources sont déjà en nous

Choisir des images mentales positives

Créer des nouveaux automatismes

Neutraliser les émotions qui vous limitent

Installer des croyances qui vous dynamisent

Vos pensées, vos agissements, vos facilités à choisir et à décider, vos facultés de réussir ce que vous entreprenez, la qualité de vos relations avec les autres dépendent de vos croyances.

Un volet important de votre réussite se joue donc autour d'elles.

L'idéal est de vous doter d'un ensemble performant de croyances positives et dynamiques et d'en enrichir l'éventail pour régénérer votre énergie et votre joie de vivre.

Pour cela les compétences d'un coach peuvent s'avérer nécessaires.

Exploiter les temps forts de votre vie

Se discipliner est une des clés du succès ! La chance obéit à celui qui sait vouloir !

Jeûnez de toute négativité et « booster » toutes vos autres qualités, aptitudes et capacités en cultivant l'attitude mentale positive.

« Manifester son bonheur est un devoir ; être ouvertement heureux donne aux autres la preuve que le bonheur est possible. »

Se lever chaque matin …Et manifester son bonheur !

Les étapes clé pour bâtir des pensées positives et voir le verre d'eau à moitié plein et non à moitié vide.

Se « Reconstruire une identité, le pur diamant »

Trois dimensions : Estime de soi – Affirmation de soi – Confiance en soi

Pour aller vers vos objectifs vous devez être « totalement » sûr de réussir.

C'est cette certitude qui va permettre à votre cerveau de tout mettre en place, dans vos pensées, vos émotions et votre physiologie, pour que la voie mentale de votre performance programme positivement vos comportements.

Cette certitude dépend de trois facteurs :

Votre relation à vous-même : votre identité

Vos relations aux autres

Vos relations à votre projet, à vos objectifs.

Ce « booster» sera un levier puissant capable de mobiliser toutes les autres ressources, comme :

Décupler votre confiance,

Faire grandir votre estime,

Dégager votre système de valeurs,

Vous libérer encore de vos croyances limitatives,

Se connecter à ce qui est l'essentiel

La qualité de vos relations avec les autres dépend de votre capacité à négocier entre vous et les autres.

L'affirmation de soi, c'est une façon aussi d'être à l'aise dans les situations délicates ou encore savoir gérer, savoir oser, savoir dire, mais le tout avec savoir-faire.

Et pour cela il faut connaître et comprendre :

Ses besoins,

Ses valeurs,

Ses émotions,

Ses attentes.

Cette disposition à se connaître et donc l'aptitude à s'affirmer se développe grâce à une pratique quotidienne.

Les conflits ou les formes inadéquates d'affirmation manifestent simplement nos limites et nos lacunes à l'échange ouvert avec empathie pour une solution partagée.

Se respecter pour être à l'aise avec les autres, alimenter sa base de données en « états mentaux de performances », et la modélisation sont des méthodes très puissantes largement utilisées dans le monde sportif pour s'approprier une ressource manquante.

L'affirmation de soi est la capacité d'être expressif de soi : de ses opinions, de ses valeurs, de ses émotions, de ses besoins et de ses limites.

On peut s'affirmer en s'exprimant verbalement mais aussi en agissant.

Lorsque je pose un geste pour respecter mes limites, je m'affirme.

Lorsque je contribue au recyclage pour respecter mes convictions profondes, je m'affirme.

Lorsque je donne mon point de vue lors d'une discussion avec mes collègues, je m'affirme.

Lorsque je dis non à une proposition pour faire ce dont j'ai envie, je m'affirme.

Lorsque je me sens seule et que j'invite des ami(e)s pour le souper, je m'affirme.

Tous les gestes que je pose pour respecter ce que je suis sont des gestes d'affirmation de soi. L'expression de soi peut donc se faire tant en paroles qu'en gestes.

Différentes études ont démontré que les gens qui s'affirment de façon à pouvoir se respecter eux même tout en respectant l'autre sont en meilleure santé psychologique et ont des relations plus saines et davantage satisfaisantes que ceux qui ne s'affirment pas, ou encore, qui le font au détriment de l'autre.

Une affirmation saine est donc une expression, en parole ou en geste, qui me respecte tout en respectant l'autre.

« La liberté des uns se termine où la liberté des autres commence ! »

Le Pouvoir de vos croyances

Un incontournable pour vivre heureux... Contrôler ses croyances. Je reviens dessus car c'est essentiel.

Nous vous est il jamais arrivé de vous poser la question : " à quoi sert la vie? ".

Ne vous êtes vous jamais dit : " la vie est un boulet ".

Évidemment, ces mots arrivent quand nous ne sommes pas heureux, quand on ne s'y retrouve plus dans notre vie, quand nous vivons des moments difficiles, bref quand nous vivons des moments de mal être.

L'élément important, qui semble jouer un grand rôle dans notre bien-être quotidien, c'est notre " mission " sur terre.

D'accord, oublions toute philosophie et toute notion religieuse derrière cette expression, pour en garder seulement la signification purement pratique.

Nous avons reçu la vie sans la demander, nous sommes donc pris avec, inutile de se demander pourquoi, comment, et patati et patata.

Par contre, nous avons le choix de faire de cette vie ce que nous voulons : la détruire, la subir, l'utiliser, l'inventer, jouer avec, etc.....

Il n'y a pas de limites sauf celles de notre conviction profonde et du cadre social dans lequel nous vivons.

Notre *CONVICTION PROFONDE*...ce qui nous apparaît comme étant quelque chose de foncièrement bien (en accord avec nous-mêmes) à faire sur terre.

Une conviction profonde c'est un sentiment qui nous dit " Je suis fait pour çà ! Et peu importe ce que diront les autres, je sens en moi cet appel vers cette action ".

Vivre avec des expressions comme : " c'est la vie ! ", " le bonheur parfait n'existe pas ", " la vie est faite de souffrances ", " profitons des petits bonheurs qui passent car ils ne durent pas ", etc....... sont, des croyances et des croyances limitatives.

Cependant...Nous sommes ce que nos pensées en font.

Pour aller plus loin...Anthony Robbins

« L'éveil de votre puissance intérieure »

« Potentiel Illimité »,

« Progresser à pas de géant »,

Pour accomplir de grande choses, il ne suffit pas d'agir .

Il faut rêver, visualiser, croire, s'approprier et vivre son futur. Le futur se crée à partir du futur (et non du passé) et de nos pensées créatrices.

Pour cela les affirmations ou incantations positives permettent de se convaincre pour garder le focus sur ses buts, son rêve et sa mission.

L'imagination et la visualisation de ce futur en sachant qu'il est déjà réel, sont des outils puissants pour distiller l'énergie de l'intention.

Après Le désir et la foi, telle l'énergie d'un rayon laser, vont être les clés pour accéder à votre trésor.

Tout dans l'univers est mis à votre disposition pour vous permettre de réussir.

La joie et le désir d'être dans … L'ACTION.

Quoique vous rêviez, désiriez très fort dans votre vie future, vous allez devoir et dès à présent « passer à l'acte".

Pour cela vos actes doivent être emprunts d'amour, de désir et de passion. Car chaque action et pas pour avancer vers votre rêve doivent être conformes aux lois de l'univers.

Votre désir sera votre moteur à l'action d'où la nécessité de définir préalablement ses valeurs, ses passions et sa mission de vie.

Balayer les pensées négatives, vos doutes

Déterminer votre raison d'être et votre mission

Reconnaître vos émotions, vos talents et vos pensées

Prendre du temps pour vous, pour rêver, visualiser, méditer et prier.

Planifier vos buts et votre rêve

Etablir un plan d'action et votre plan de vie …Etc.

Vous pouvez faire le choix d'être accompagné et « coaché » dans cette démarche pour planifier les « actions conscientes » et apprendre à utiliser efficacement la Loi de l'attraction, étape par étape pour attirer à vous ce que vous désirez.

Mais il n'en reste pas moins que vous devrez AGIR chaque jour pour être en accord avec vos émotions, vos intuitions et vos rêves.

« Vous pouvez avoir tout ce que vous voulez si vous le voulez vraiment.
Vous pouvez être tout ce que vous voulez être, réaliser tout ce que vous avez l'intention de réaliser, si vous tenez à ce désir avec ténacité. »

Abraham Lincoln

Tout ce dont vous avez besoin est déjà en vous

Puis passé ce constat, il y à l'envers de la nouvelle.

Et l'infinie possibilité qui s'offre à nous, d'accéder à tout ce dont on a toujours rêvé et de créer la vie de ses rêves.

Pour accomplir de grande choses, il ne suffit pas d'agir .Il faut rêver, visualiser, croire, s'approprier et vivre son futur. Le futur se crée à partir du futur (et non du passé) et de nos pensées créatrices.

Pour cela les **affirmations ou incantations positives** permettent de se convaincre pour garder le focus sur ses buts, son rêve et sa mission.

L'imagination et la visualisation de ce futur en sachant qu'il est déjà réel, sont des outils puissants pour distiller l'énergie de l'intention.

Après Le désir et la foi, telle l'énergie d'un rayon laser, vont être les clés pour accéder à votre trésor.

ETRE « Bien dans son Corps »

Comme la plupart des médecins conviennent aujourd'hui que l'esprit à un impact profond sur le sentiment de bien-être d'une personne, la capacité de se rendre malade par la pensée est aujourd'hui largement admis.

Les optimistes vivent généralement plus longtemps, sont plus heureux et en meilleure santé.

De la même façon, nous savons de manière irréfutable que les techniques de visualisation peuvent améliorer spectaculairement notre système immunitaire.
Mais si le secret de la pensée est une perspective positive,

Quelles sont les causes de tous les maux et maladies ?
Le stress

Le manque de sommeil

Les consommations de drogues licites ou non

Les toxiques externes (pollution, tabac, métaux, rayonnement, habitat…)

L'excès et l'opulence

la surcharge pondérale

La sédentarité

Vos alliés pour la vie !

Faire de vieux os, c'est d'abord une histoire de gènes, mais pas seulement. Même s'il n'y a pas de recette miracle en la matière, les centenaires ont leur secret : une bonne hygiène de vie, un optimisme à toute épreuve et du plaisir, toujours plus !

De touts les études sérieuses et non sponsorisées par des lobbies pharmaceutiques ou agroalimentaires, il résulte qu'ils sont vos alliés ...**des valeurs sûres !**

Pourtant, plus d'un tiers des Français ne bougent pas suffisamment. C'est particulièrement vrai pour les femmes et les plus de 45 ans.

Plus de couleur, plus de cru, plus de végétal, plus de « cuisiné maison », plus de « cuit vapeur », dans votre assiette.

Le mouvement c'est donc... la santé ! Il faut donc aussi... bien bouger !

Attention, il ne s'agit pas d'être un athlète, mais simplement d'éviter d'être trop sédentaire.

De nombreuses études l'ont démontré, le fait d'avoir une activité physique protège de nombreux troubles : maladies cardiovasculaires, cancers, diabète de type 2.

En outre, l'inactivité favorise la prise de poids et l'apparition de problèmes tels que l'ostéoporose

Gardez simplement ces seuls réflexes et mots d'ordre pour rééquilibrer votre alimentation.

Lors de mes consultations ou stages, pour faciliter cet apprentissage...qui ne sont autres que des reflexes à acquérir.

Reflexes d'achats, de cuisine, de préparation, de calcul de quantité ...
J'enseigne sur une méthode simple de répartition des aliments selon leurs catégories.

Pour que cela devienne un automatisme d'avoir mangé 7à 10 portions de Fruits et légumes, d'avoir intégrer les nutriments élémentaires et en bonne quantité, pour avoir offert à son corps les éléments vitaux pour une bonne croissance, un développement harmonieux et une source d'équilibre métabolique.

Croyez moi s'organiser, cela peut paraitre fastidieux au démarrage car on se confronte à notre résistance aux changements puis après, c'est tellement naturel et simple que ...L'on ne fait que des envieux !
Mais l'essentiel c'est le gain d'équilibre et de vitalité que nous procure l'alimentation saine.

Surveillez votre poids.

Là, c'est mon sujet fétiche !!!Mais je ne vous garderai pas trop longtemps, promis!!!

Visez votre poids VITALITE. Votre poids santé ce n'est pas un chiffre à atteindre mais plutôt **un bien être à retrouver ou à préserver !**

Ce que vous donnera à coût sûr, **votre programme personnalisé:** Une véritable cure de jeunesse!
un temps à passer : des années ou le cœur devient plus fort. Il aura moins de maladies .Vous devenez très actifs. Le stress maîtrisé, de la sérénité et une paix intérieure

Et inévitablement à la clé, plus de plaisir, en **donnant de la vie à vos années !** Vous retrouverez aussi et surtout le plaisir...
de vous occuper de vous
de bouger
de cuisiner
de la confiance en soi et de l'estime de soi
d'être soi...
et bien évidemment le plaisir de manger en toute sérénité et sans culpabiliser

Le problème est bien trop sérieux, vaste et compliqué pour être résumé en quelques lignes.

*

« Une vie honorable est une vie éternelle. »
Proverbe allemand

La respiration profonde.

La respiration est un moyen naturel, gratuit, facile, efficace, et surtout toujours à notre disposition…pour contrôler son stress, ses émotions.

A condition d'apprendre à l'utiliser dans les règles.

Alors à vos marques, prêt ? Un souffle ample et profond…

Quand on calme son souffle, les battements cardiaques se régularisent, la pression artérielle baisse, les ondes électriques du cerveau se ralentissent. Les muscles, mieux oxygénés, se nettoient de leurs déchets et se détendent. Les petites douleurs dues aux tensions accumulées s'envolent. Alors comme les émotions perturbent le souffle, la maitrise du souffle calme les émotions. Il faut retrouver la respiration abdominale qu'adoptent spontanément les bébés.

L'hydratation.

Pour la consommation courante il vaut mieux préférer une eau peu ou très peu minéralisé, soit moins de 300mg/l de résidus secs.

A consommer à distance des repas, dont **deux verres le matin à jeun**, et à raison de **1,5 à 2,5l /j** selon la température extérieure, et plus en cas d'effort physique important, effectué en atmosphère chaude et sèche.

Les eaux moyennement ou très minéralisées seront destinées à des cures en fonction des besoins organiques et métaboliques, dont la fréquence peut varier de quelques prises hebdomadaires à une cure de plusieurs mois en continu.

Les sportifs trouveront dans ses eaux, un formidable moyen naturel pour recharger leur organisme en précieux minéraux (calcium, magnésium, sodium…).

Pour les sportives et sportifs, en dehors de vos heures "intensives", vous pouvez privilégier les eaux riches en calcium pour favoriser la contraction musculaire et la solidité des os. Les eaux minérales calciques sont une source intéressante

sodium contre les crampes. Ces contractions douloureuses sont principalement liées à une déshydratation, mais un manque de sodium peut également favoriser leur apparition.

magnésium pour les réflexes, l'équilibre nerveux et musculaire

Plan de détoxication adapté

Il existe différents programmes qui doivent être adaptés et choisis en fonction de critères individuels de santé et de terrain et donc faire l'objet d'un accompagnement par un naturopathe. Le naturopathe est un éducateur de la santé naturelle qui vous aidera à retrouver un bien-être physique et psychologique, mais n'oubliez pas que chacun de nous doit agir dans le préventif pour conserver son capital santé !!

Mais déjà vous pouvez …envisager aux changements de saisons des cures douces.

Mono diètes, cure de raisins, cure de citron, jus d'orge, Green.

LA SEVE DE BOULEAU BIO

La sève de bouleau, enrichie en bourgeons de frêne et de cassis, draine et décrasse l'organisme, favorisant ainsi l'élimination des toxines ...

Cela permet de stimuler les organes pour faire sortir de plus grande quantité de toxines.

Arrêt du tabac et évitement du tabagisme passif.

Il n'est jamais trop tard pour bien faire et surtout dans ce domaine.

Quant au tabac, il est antinomique avec la vie. Il n'est donc pas le bienvenu n'importe où on cultive la vitalité et le bien être comme une seconde nature. Ou même la première !!!

Comme ils existent de nombreux profils de fumeurs ; Il existe de nombreuses méthodes pour vous transformer en ex fumeurs et vous accompagner avec succès.

Mais toutes ont ce point en commun, La motivation est le mot clé pour arrêter de fumer.

Arrêter de fumer est un véritable défi que l'on se lance à soi-même ; c'est aussi un véritable apprentissage qui nécessite de bien se connaître, d'avoir une véritable estime de soi.

Analysez bien vos motivations et les intérêts que représentent pour vous l'abandon de la cigarette, puis choisissez le moment le plus propice pour démarrer.

Attention, la période idéale pour cesser de fumer n'est peut être pas la rentrée !

Car le stress provoqué par la reprise du travail est un risque majeur de rechute.

Laissez quelques jours pour bien installer votre rythme et laisser mûrir cette décision pour le début octobre par exemple.

Félicitations pour votre décision, c'est un bon début !

Pour tenir bon ...A afficher !
L'arrêt du tabac permet de retrouver en quelques jours le goût et l'odorat.

L'arrêt du tabac permet de retrouver un souffle plus régulier et plus naturel.

L'arrêt du tabac permet de retrouver un rythme de vie plus régulier, un vrai sommeil réparateur.

Arrêter de fumer permet de retrouver une sérénité et un goût de vivre oubliés: Le stress, l'anxiété, l'irritabilité, provoqués par le sevrage, s'estompent rapidement (des moyens thérapeutiques peuvent aider) et les avantages liés au sevrage prennent rapidement le dessus sur les désagréments.

Arrêter de fumer permet de dépenser moins d'argent, voire d'économiser. "Mettre de côté" l'argent initialement dépensé pour le tabac dans un projet qui tient à cœur est une bonne motivation.

La prise de poids constatée lors d'un sevrage se stabilise en moyenne dans les trois mois. Et surtout elle n'est pas systématique si la période de sevrage s'accompagne d'un plan diététique adapté.

En arrêtant de fumer, la peau et les cheveux retrouvent un aspect plus sain, sans oublier les doigts, les dents et l'haleine qui ne trahiront plus vos penchants.

Arrêter de fumer permet de retrouver sa place dans la société ; l'éclosion de nombreux lieux non-fumeurs permet de mener une vie saine et normale en évitant d'être en permanence tenté par le tabac.

Il est toujours temps d'arrêter de fumer, même si plusieurs essais peuvent être nécessaires.

Aujourd'hui, nombreuses sont les méthodes efficaces disponibles. Une aide médicale ou associative est envisageable en amont et en aval de la décision.

Un apport équilibré en vitamines, minéraux, et nutriments essentiels.

Du latin Vita = vie et de l'anglais, amine = ce terme désigne une substance sans valeur énergétique mais indispensable au bon fonctionnement de l'organisme qui ne peut pas les synthétiser. D'où l'intérêt d'adopter une alimentation variée et équilibrée afin de couvrir les besoins et d'éviter les carences, qui entraînent divers troubles et maladies.

Les vitamines jouent un rôle important dans l'organisme : elles interviennent dans de nombreuses réactions chimiques, entrent dans la constitution de certaines membranes cellulaires, aident à la production d'énergie, luttent contre les infections renforçant l'organisme, interviennent dans la fabrication des neuromédiateurs, permettent la réparation de tissus abîmés, préviennent le vieillissement prématuré et l'apparition de certaines maladies…

Mille bonnes raisons de ne pas laisser s'installer de carence !
Et pour cela un seul réflexe, **varier son alimentation.**
Et **découvrir d'autres saveurs**…Comme celles des algues, des céréales germées, d'autres graines ou légumineuses…

La consommation de compléments alimentaires et vitaminiques en particulier est aujourd'hui entrée dans les mœurs : chacun veut devenir acteur de sa santé et lutter contre les effets du vieillissement. Attention toutefois à l'automédication : Faites confiance à votre médecin, pharmacien ou naturopathe ; ils sont habilités à conseiller une éventuelle supplémentassions. Ceci pour éviter les risques de surdosage et de nocivité d'une vitamine prise à mauvais escient.

Suivez votre horloge biologique et respectez votre rythme de sommeil.

L'alimentation a aussi son mot à dire, parmi les règles de bon sens préconisées et que vous connaissez certainement !

Alors simplement pour développer la partie conseils diététiques aujourd'hui !

A éviter

Café, Thé

Boissons gazeuses avec "cola"... et boissons énergétiques (contenant guarana ou caféine) ....attention aux draineurs et autres boissons "minceurs"!!!

Cacao, chocolat sauf le noir avec des fruits secs riches en tryptophane! bon pour le moral!

Éviter les repas copieux, épicés et tardifs

Pour entrer dans un sommeil profond, la température corporelle doit baisser. Or, les repas trop copieux ou trop riches en gras et en protéines prolongent la digestion et augmente la thermogenèse : la température corporelle augmente alors. Certaines épices contribuent aussi à élever la température du corps. Aussi, les repas pris trop tard en soirée ne permettent par une digestion adéquate avant l'heure du coucher.

Quant à l'heure idéale...Il faut un intervalle d'au moins deux heures entre votre heure de repas et l'heure d'endormissement.

On dîne léger, mais assez! Surtout ne pas sauter le repas, car c'est le meilleur moyen d'être réveillé dans la nuit!

Aliments à éviter au repas du soir

Viandes, charcuterie, volaille avec la peau, bacon, lardons, fromage gras, pizza garnie, aliments panés et frits, pâtes alimentaires accompagnées de sauce à la viande, sauces à la crème, oeufs cuits dans le beurre, crèmes plats mexicains, italiens, indiens, croustilles, frites, pâtisseries, beignets, gâteau avec glaçage, crème glacée.

Diminuer la consommation d'alcool ; L'alcool provoque l'« insomnie à rebond ». Après avoir aidé à l'endormissement, il entraîne des sécrétions d'adrénaline et bloque l'entrée du tryptophane au cerveau. Ces deux facteurs empêchent le sommeil de passer à la phase profonde. L'alcool fait aussi chuter le taux de mélatonine, hormone nécessaire au sommeil.

Augmenter l'apport en oméga-3

Il existe une relation positive entre le taux de sérotonine et le taux d'acides gras oméga-3.

Le rire, l'humour et la bonne humeur.

Les statisticiens estiment que les Français riaient autrefois 20 minutes par jour, et **moins de 6 minutes aujourd'hui** ! Pourtant, outre ses fonctions sociales, le rire regorge de vertus médicales : rire diminuerait la sensation de douleur, boosterait le système immunitaire, préviendrait les maladies cardio-vasculaires.

En stimulant les muscles abdominaux, le rire nous fait des tablettes de chocolat et de bien jolies rides d'expression, car c'est l'exercice qui fait bouger le plus de muscles du visage.

La foi en « sa bonne santé »

Tout ce qu'il faut pour se sentir…
Bien dans son corps….
Il y a un mode de vie qui assure assurément plus
d'années à votre vie et plus de vie à vos années.
Il y a des décisions fermes et définitives --- que vous
devez prendre dès aujourd'hui si vous voulez conserver
une parfaite santé !

Il y a des éléments que vous devez
absolument maîtriser --- et vous maîtriserez
votre santé !

30 minutes quotidiennes d'activité modérée doivent vous permettre de rester en forme,

□ **45 à 60 minutes quotidiennes** d'activité modérée vous éviteront de prendre du poids

□ Pour brûler des calories et vous délester de vos kilos trop, nous vous en conseillons d'opter pour des séances de **60 minutes quotidiennes**.

Pour acquérir une bonne forme physique, l'American College of Sports Medicine recommande une pratique de 30 à 45 minutes d'activité soutenue au moins 3 jours par semaine.

Mais qu'entend on par " activité modérée " ? Si vous pouvez parler, chanter et respirer régulièrement sans transpirer, vous avez une activité de faible intensité.

Si vous pouvez parler et chanter mais que vous êtes essoufflé et que vous commencez à transpirer au bout d'une dizaine de minutes, vous avez une activité d'intensité modérée ; et si vous ne pouvez dire que quelques mots, que vous ne pouvez pas chanter, que vous respirez rapidement en étant essoufflé et que vous commencez à transpirer au bout 3 à 5 minutes, vous avez une activité de forte intensité.

JOUER LE JEU DE LA VIE AVEC LE PLAISIR, LA CURIOSITE ET LA JOIE DE PARTAGER.

Jouez, lisez, mémorisez Pour éviter les trous de mémoire, faites travailler vos méninges.

Lisez, jouez à ce que vous voulez (jeux de société, cartes, échecs, etc.) mais jouez, cela oblige à réfléchir et à rester vif.

Apprenez par codeur le numéro de téléphone de vos proches, voire leur adresse, retenez leur date d'anniversaire...

Faites une liste de courses et essayez de vous en souvenir sans la regarder, une fois dans le magasin.

C'est tout bête, mais ça aide à renforcer les circuits nerveux et à maintenir ses capacités intellectuelles.

Les mots croisés ou les mots fléchés sont aussi un bon exercice pour les neurones.

Tout comme d'aller aux champignons ou d'observer les arbres et les oiseaux et de vous entraîner à les reconnaître ensuite. En plus, vous passerez pour un super crac !

Vivre chaque seconde à 100%.Vivez avec passion

Printed by Books on Demand GmbH, Norderstedt / Germany